mathématique • 1re année

espace+

Conrad Huard

1

MANUEL DE L'ÉLÈVE

Situations
de départ

ERPI
ÉDITIONS
DU RENOUVEAU
PÉDAGOGIQUE INC.

5757, RUE CYPIHOT, SAINT-LAURENT (QUÉBEC) H4S 1X4
TÉLÉPHONE : (514) 334-2690 TÉLÉCOPIEUR : (514) 334-4720

Révision linguistique
Diane Lamy

Conception et réalisation graphique
Matteau, Parent Graphistes Inc.
- Marc Gaudreault *(mise en page)*
- Sylvie Bouchard *(infographie)*

Couverture
ERPI

Photographie page couverture
Planétarium de Montréal
Publiphoto

Illustrations
Chantale Audet, Nadia Berghella,
Diane Blais, Linda Lemelin,
Sophie Ouellet et Caroline Soucy

Photographies
Benoit Camirand Photographe
à l'exception de
p. 30 - 31 : Marcel Boutin
p. 30 - 31 : Marc - André Bovet

L'auteur et l'éditeur tiennent
à remercier pour leur collaboration :
Étienne Parent, de la commission
scolaire des Chutes - de - la -
Chaudière, ainsi que les enfants
suivants de la commission scolaire
Des Ilets :

Émilie Croteau, Guillaume Déry,
Hélène Fortier, Olivier Gariépy, Julien
Gélinas, Cassandra Julien-Bastien,
Emmanuelle Lévesque, Léticia
Mogène, Nicolas Monminy, Karine
Ouellet-Dasilva, François-Xavier
Peloquin et Catherine Roy.

Dépôt légal : 4e trimestre 1994
Bibliothèque nationale du Québec
Bibliothèque nationale du Canada

Imprimé au Canada   1234567890 ML 987654
ISBN 2 - 7613 - 0853 - 0   2568 ABCD   MM12

Bonjour ,

Je m'appelle Conrad .

**Je suis l'auteur
des situations mathématiques
de espace 1 .**

**La mathématique , ce n' est pas seulement
compter , calculer et mesurer .
La mathématique , c' est aussi
parler , lire et écrire autrement .
La mathématique , c'est également
un outil pour résoudre des problèmes .**

Parfois , tu ne sauras pas comment faire .

⭐ **Fais - toi confiance !**

⭐ **Rappelle - toi !
Tu as le droit de te tromper .**

⭐ **Pour te rassurer ,
vérifie tes solutions .**

**Amuse - toi bien en apprenant
des nouvelles façons de faire .**

**Bon voyage
dans l'espace mathématique !**

Conrad

Structure

Déroulement des unités

espace + 1 comprend 70 unités regroupées en 9 modules .
Chaque unité correspond à un scénario d' apprentissage .
Chaque scénario poursuit un ou plusieurs objectifs
et se déroule toujours en trois phases :
formation , **évaluation** et **perfectionnement** .

FORMATION

Observe

Situation de départ

J'apprends
des choses
nouvelles .

Manuel
de
l'élève

Essaie

Situations
d'approfondissement

J'utilise
ce que je viens
de découvrir .

Trousse
d'approfondissement

ÉVALUATION

Fais le point

Situation d'évaluation

Je fais
le point .

Trousse
d'évaluation

PERFECTIONNEMENT

Essaie à nouveau

Situations
de consolidation

Je reviens sur
ce que je maîtrise
moins bien .

Trousse
de
perfectionnement

Va plus loin

Situations
d'enrichissement

Je relève
de nouveaux
défis .

Trousse
de
perfectionnement

Table des matières

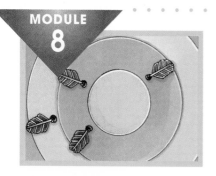

Démarche

Si j'ai un problème...

Quand je cherche quoi faire ou comment faire , je procède ainsi .

J' EXPLORE .

★ J'écoute . J'observe .

★ Je dis ce que j'ai à faire .

★ Je me rappelle ce que je sais .

★ Je me pose des questions .

Je me fais confiance .

JE DÉCOUVRE .

★ Je réfléchis avant de faire .

★ J'essaie .

★ J'utilise Ma boîte à outils .

★ Je trouve au moins une solution .

J'ai le droit de me tromper .

JE VÉRIFIE .

★ Je redis ce que j'avais à faire .

★ J'essaie d'une autre façon .

★ Je consulte les autres .

Je suis sûre de moi .

Je raconte ce que j'ai appris .

Je raconte ce que j'ai ressenti .

Je raconte comment j'ai procédé .

Je réfléchis avant de faire .

À ce dont j'ai besoin .

À une façon de procéder .

À une solution possible .

Ma boîte à outils

Je fais
un dessin .

Je cherche
une régularité .

Je mime
la situation .

J'écris
une phrase
mathématique .

Je rends
le problème
plus simple .

Je cherche
différentes
solutions .

J'utilise
du matériel .

Je consulte
les affiches .

Pictogrammes

Ce que je dois utiliser .

 Des réglettes vert clair

 Des réglettes roses

 Des réglettes

 Une corde

 Une règle

 Des étiquettes numériques

 Des étiquettes de comparaisons

 Des étiquettes d'additions

 Des étiquettes de soustractions

 Des étiquettes de figures géométriques

 Le jeu « Les ballons en fête »

 La feuille qu'on me remet

 Une feuille

 Des cubes rouges

 Des cubes bleus

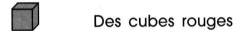 Des cubes verts

 Des cubes orangés

 Des cubes noirs

 Des cubes de couleurs

 Des réglettes blanches

 Des réglettes rouges

Ce que je dois faire .

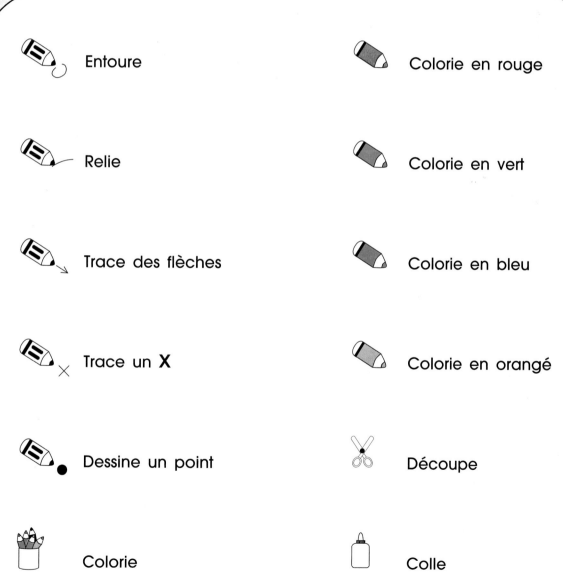

Entoure

Colorie en rouge

Relie

Colorie en vert

Trace des flèches

Colorie en bleu

Trace un **X**

Colorie en orangé

Dessine un point

Découpe

Colorie

Colle

Observe

Le départ des canards

Vocabulaire quantitatif

1  **Que remarques - tu ?**

2 Dis où tu vois :

a) peu de 🦆 ;

b) plusieurs 🦆 .

3 Dis où tu ne vois aucun 🦆 .

> **Comment peux - tu vérifier tes réponses ?**

4 Dis où tu vois :

a) moins de 🦆 qu'à un autre endroit ;

b) autant de 🦆 qu'à un autre endroit .

5 *a)* Prends plus de 🔲

qu'il y a de 🦆 sur le 🪵 .

b) Prends autant de 🔲 de

qu'il y a de 🦆 sur le ⬭ .

Observe

Une belle fête

Représentation et identification des nombres, de 0 à 5

1   **Que remarques - tu ?**

2 Quel âge a Julien ?

. . . .

3 Dis combien il y a :

Raconte comment tu as procédé .

a) d'enfants ;

b) d'adultes ;

c) de personnes en tout .

. . . .

4 Dis combien il y a de :

Observe

Je bois mon lait !

Calligraphie des nombres, de 0 à 5

1 | **Que remarques - tu ?**

2 a) Place un sur l'enfant qui a bu .

b) Place un sur l'enfant qui a bu .

c) Place un sur l'enfant qui a bu .

d) Place un sur l'enfant qui a bu .

e) Place un sur l'enfant qui a bu .

3 Décris chaque chiffre .

4 Trace chaque chiffre .

Dis ce qui est pareil .
Dis ce qui est différent .

Observe

La chambre de Mélanie

Vocabulaire des relations spatiales

1  **Que remarques - tu ?**

2 Dis où est situé chacun des éléments suivants :

3 Que vois - tu :

a) sur le ?

b) en bas de l' ?

c) devant la ?

Des puces sauteuses !

Recherche et construction de régions • Notions d'intérieur et d'extérieur

1 **Que remarques - tu ?**

2 Dis combien il y a de et de  :

a) à l'intérieur du 🌥️ ;

b) à l'extérieur du 🌥️ ;

c) sur la frontière du 🌥️ .

3

1° Trace la figure suivante :

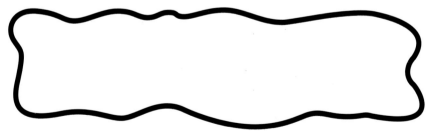

2° Place 1 🧊 à l'intérieur .

3° Place 2 🧊 à l'extérieur .

4° Place 3 🧊 sur la frontière .

Mes céréales préférées

Classification, énumération et identification d'objets

1 **Que remarques - tu ?**

2 *a)* Place un

sur chacun des vêtements

portés par .

b) Place un

sur chacun des vêtements

portés par .

On compare !

Comparaison de longueurs

Que remarques - tu ?

2 Que font les enfants ?

> **Raconte comment les enfants procèdent .**

. . . .

3 Nomme des objets de ta classe qui sont :

a) plus longs   *b)* plus courts

que d'autres ;   que d'autres .

. . . .

4 Dis comment tu peux comparer :

a) la hauteur ( ) de la ▯

à la hauteur ( ) d'une ▭

de ta classe ;

b) la taille ( ) des ⚥ de ta classe

entre eux .

23

Observe

Les vignettes de Youri

Construction et illustration d'ensembles

1  **Que remarques - tu ?**

2 Décris les ◯ que tu vois sur :

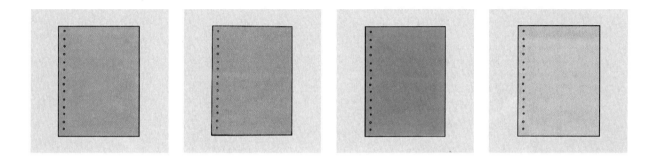

3 Dis sur quelle ⬜ tu peux classer

chacune des ◯ suivantes :

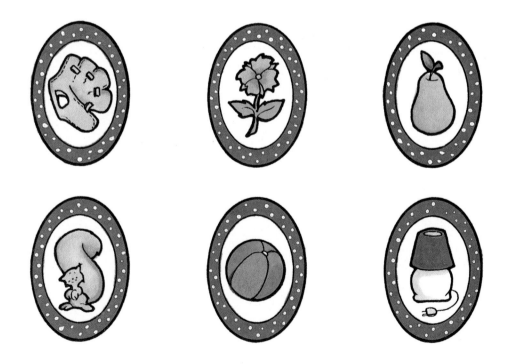

Observe

Une excursion en forêt

Représentation et identification des nombres, de 0 à 9

1  **Que remarques - tu ?**

2 Dis combien il y a de :

. . . .

3 Dessine un paysage

qui comprend le nombre d'éléments suivant :

6    4    8

7    5    9

2    3    1

Observe

Bon anniversaire, Sandrine !

A — Bon anniversaire !

B — Bon anniversaire !

C — Bon anniversaire !

D — Bon anniversaire !

E — Bon anniversaire !

F — Bon anniversaire !

Calligraphie des nombres, de 0 à 9

I **Que remarques - tu ?**

2 Sandrine a **six** ans .

Quelles  Christian peut - il choisir ?

3 Dis quelle

correspond à chaque .

4 Forme les chiffres

6 , 7 , 8 et 9

avec de la pâte à modeler .

Que remarques - tu ?

29

Observe

Chez la photographe

1ʳᵉ visite

2ᵉ visite

Vocabulaire des relations spatiales

1 **Que remarques - tu ?**

2 Dis ce qui est différent sur les deux .

3 Dis où est située chacune des ☐ suivantes :

4 Observe chaque .

Dis quelle ☐ est située :

a) à gauche de ;   *b)* au - dessous de .

Un arrangement de feuilles

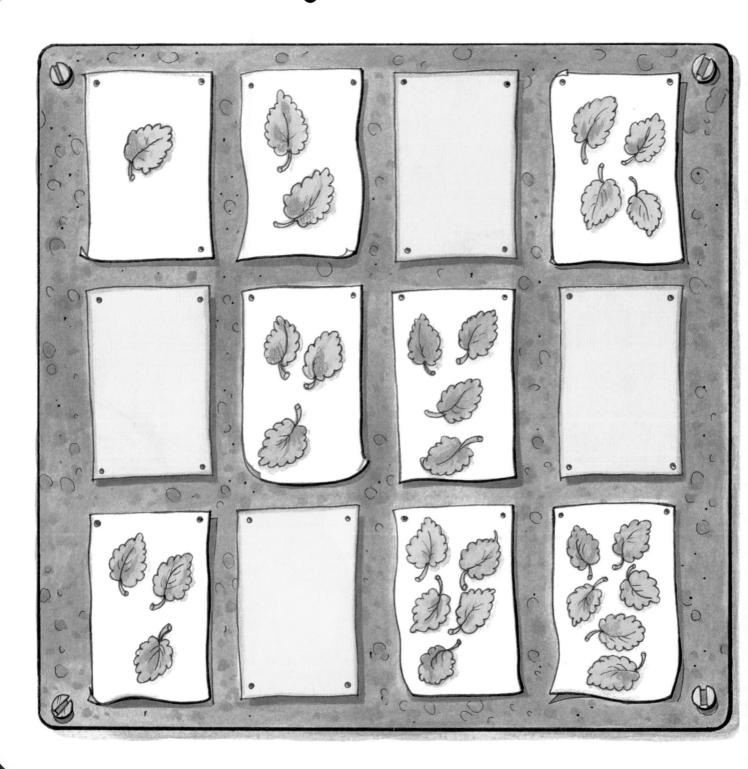

Identification de nombres venant avant, après ou entre d'autres nombres, de 0 à 9

1  **Que remarques - tu ?**

2 Dis combien de tu peux dessiner sur chaque ☐ .

3 Que remarques - tu :

a) dans chaque **rangée** (⟷) ?

b) dans chaque **colonne** (↕) ?

c) sur chaque **diagonale** (⤢⤡) ?

4 *a)* Représente avec des ⬛ le tableau des .

b) Ajoute une 4e **rangée** (⟷)

et une 5e **colonne** (↕)

au tableau des .

Observe

La croissance d'une plante

Ordre croissant et ordre décroissant, nombres de 0 à 9

1   **Que remarques - tu ?**

2 Combien y a - t - il de  sur chaque tige ?

3 Place l'étiquette appropriée sur chaque ⬭ .

4 *a)* Place tes étiquettes en ordre croissant .

Mélange tes étiquettes .

b) Place tes étiquettes en ordre décroissant .

Observe

Le devoir de Marco

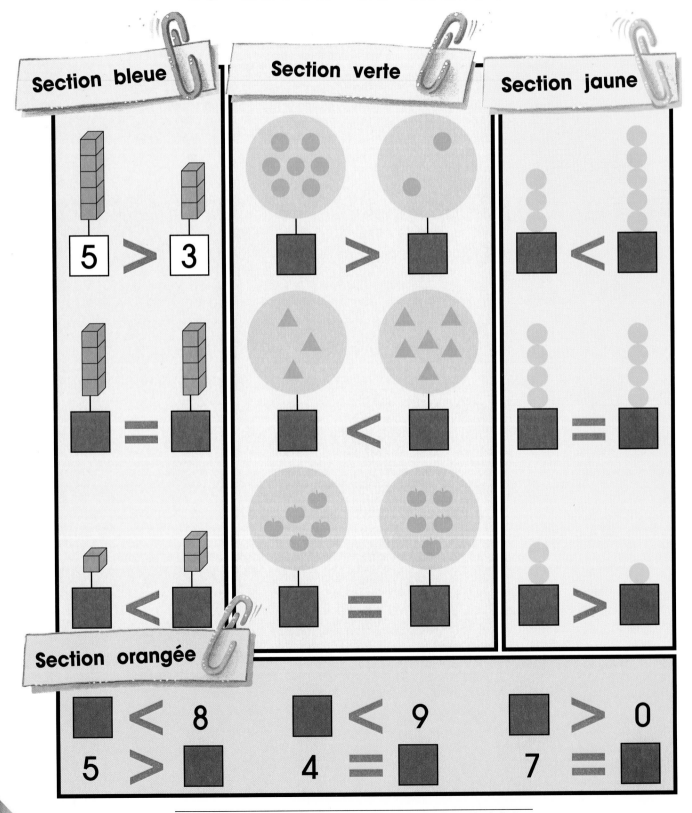

Section bleue

$5 > 3$

$= $

$< $

Section verte

$> $

$< $

$= $

Section jaune

$< $

$= $

$> $

Section orangée

< 8

< 9

> 0

$5 > $

$4 = $

$7 = $

Utilisation des symboles <, > et = avec les nombres de 0 à 9

1 Que remarques - tu ?

2 Dis ce que signifie
chacun des symboles suivants :

. . . .

3 Représente chaque section du devoir de Marco .

. . . .

4 Remplace chaque ▢ par un nombre .

> ☐ > ☐ > ☐

☐ < ☐ < ☐

Observe

La journée de Sophie

Détermination d'un rang, de Ier à 5^e

 **Que remarques - tu ?**

2 Raconte la journée de Sophie .

. . . .

3 Décris la 3ᵉ activité que Sophie a faite .

4

1° Raconte une histoire en cinq étapes .

2° Dessine chaque étape .

3° Découpe chacun de tes dessins .

4° Place tes dessins en ordre .

5° Écris sur chaque dessin
quel est son rang :

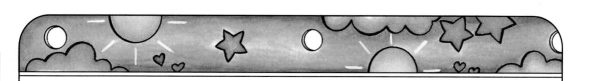

1ᵉʳ , 2ᵉ , 3ᵉ , 4ᵉ ou 5ᵉ .

Observe

Le chemin de l'école

Estimation et mesure de longueur

1 Que remarques - tu ?

2 Qui habite :

a)   le plus près de l'école ?

b)   le plus loin de l'école ?

3 Représente sur ton pupitre le trajet de :

Paul

Lilibeth

Justin

4 La longueur de cette corde
représente le trajet parcouru
par quel enfant ?

Comment
as - tu
procédé ?

Observe

Des livres

Situation A	Situation B
Les livres de Mélodie	**Les livres de Francis**

Illustration A

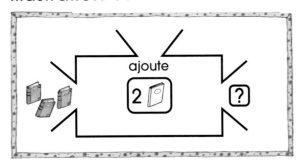

Illustration B

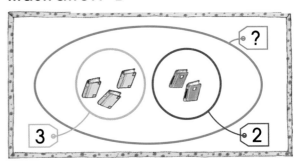

Équation A

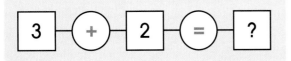

Équation B

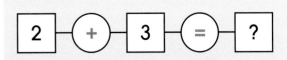

Identification, illustration et transposition en équations de situations additives

1 **Que remarques - tu ?**

2

1° Écoute bien .

2° Représente chaque situation avec des .

3° Compare les situations **A** et **B** entre elles .

3

1° Représente les illustrations **A** et **B** .

2° Compare les illustrations **A** et **B** entre elles .

4 Dis ce que signifient :

 +   ?   =

Observe

Des clowns

Conditions pour gagner un prix

- Faire tomber un clown bleu et un clown **vert** .

- Faire la somme des points obtenus .

La somme des points ne doit pas dépasser 5 .

Addition, somme < 6

1 **Que remarques - tu ?**

2 Représente sur ton pupitre

 toutes les possibilités de gagner .

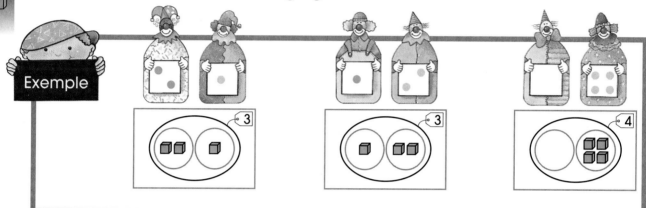

Exemple

3 Écris toutes les additions de deux nombres

 dont la somme est :

0	1	2
3	4	5

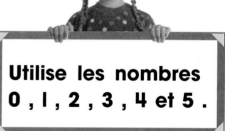

**Utilise les nombres
0 , 1 , 2 , 3 , 4 et 5 .**

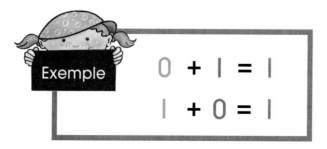

Exemple   0 + 1 = 1

1 + 0 = 1

45

Observe

Une boîte de crayons de couleur

Situation A

Illustration A

5

2   ?

Équation A

5 — 2 = ?

Situation B

Illustration B

enlève

2   ?

Équation B

5 — 2 = ?

Identification, illustration et transposition en équations de situations soustractives

1  **Que remarques - tu ?**

2

1° Écoute bien .

2° Représente chaque situation avec des .

3° Compare les situations **A** et **B** entre elles .

3

1° Représente les illustrations **A** et **B** .

2° Compare les illustrations **A** et **B** entre elles .

4 Dis ce que tu cherches dans :

a) la situation **A** ;   *b)* la situation **B** .

Observe

Résultat de l'enquête

FAMILLE	Nombre d'enfants âgés de 5 à 10 ans	Nombre d'enfants qui répondent non	Nombre d'enfants qui répondent oui
Boily	4	0	
Delucca	2	1	
Fabre	4	2	
Gascon	1	0	
Laplante	3	3	

Soustraction, 1er terme ≤ 5

1 **Que remarques - tu ?**

2 Pourquoi des jeunes
ont - ils fait cette enquête ?

3 Représente sur ton pupitre
 le nombre d'enfants
qui ont répondu **oui** .

4 Écris toutes les soustractions
de deux nombres
qui donnent comme résultat :

0	1	2
3	4	5

**Utilise les nombres
0 , 1 , 2 , 3 , 4 et 5 .**

 Exemple

$5 - 5 = 0$

$4 - 4 = 0$

La chambre au grenier

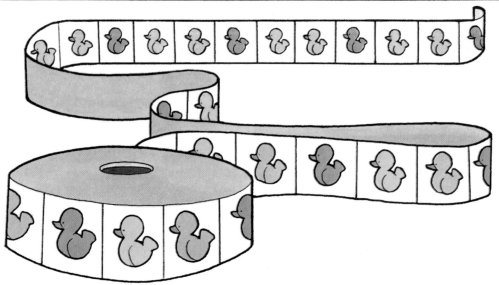

Construction de suites

1 **Que remarques - tu ?**

2

 Observe la frise .

 Dis où sont toujours placés les :

3 *a)* Représente la frise sur ton pupitre .

 b) Décris cette frise .

4

1° Construis une frise différente
de celle qui est illustrée .

2° Dessine ta frise .

3° Demande aux élèves de construire ta frise .

Observe

Une fête dans la classe

Description et identification d'objets

Que remarques - tu ?

2 Décris :

a) cette fête ; b) les ballons .

3

1° Observe le jeu de cartes

« Les ballons en fête » .

2° Décris chaque ballon .

Utilise les étiquettes de propriétés .

4 Trouve les cartes de ballons

 qui ont les propriétés suivantes :

a) et

b) , et

Des vêtements neufs

jour 1

jour 2

jour 3

Comparaison d'objets

1  **Que remarques - tu ?**

2 Décris les vêtements portés par 🧒 et 👧 :

le ⌊jour I⌋   le ⌊jour 2⌋   le ⌊jour 3⌋

....

3 Observe les vêtements portés par 🧒 et 👧 .

a) Dis ce qui est pareil .

b) Dis ce qui est différent .

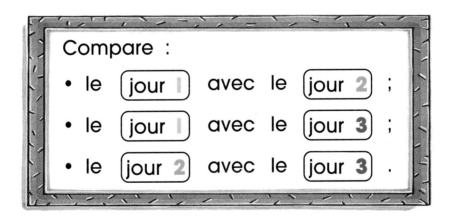

Compare :
- le ⌊jour I⌋ avec le ⌊jour 2⌋ ;
- le ⌊jour I⌋ avec le ⌊jour 3⌋ ;
- le ⌊jour 2⌋ avec le ⌊jour 3⌋ .

....

4 Décris une autre façon d' habiller 🧒 et 👧 .

Observe

Un mobile

Description et comparaison de solides

1 **Que remarques - tu ?**

2 Observe chaque paire de solides .

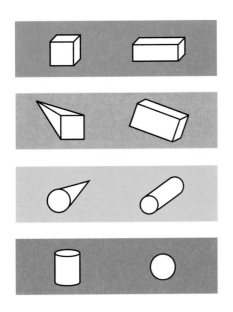

Dis ce qui est pareil .
Dis ce qui est différent .

3 Dis à quel solide ressemble chaque objet .

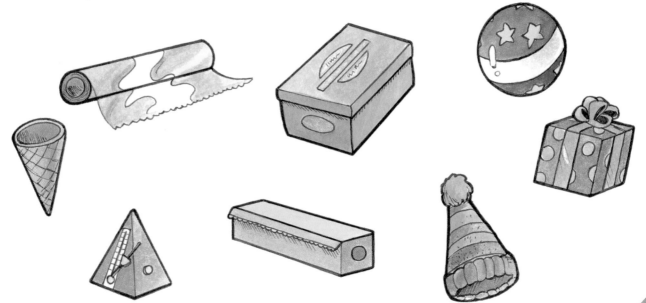

Observe

La boîte de Jean - Nicolas

Construction de solides

1 **Que remarques - tu ?**

2 Comment procéderais - tu pour construire un 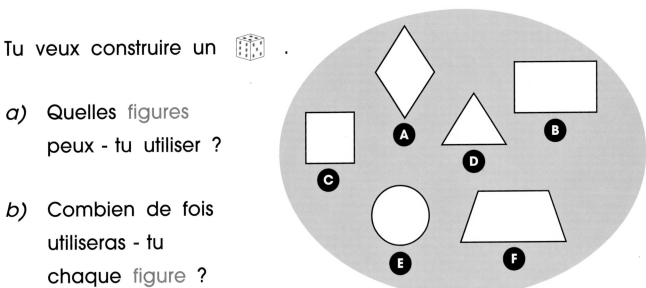 ?

....

3 Construis un **gros** ⬜ .

....

4 Tu veux construire un  .

   a) Quelles figures peux - tu utiliser ?

   b) Combien de fois utiliseras - tu chaque figure ?

....

5 Construis ton  .

59

Observe

Le recyclage des bouteilles vides

Réalisation de groupements

2 Combien de 🍾

les enfants peuvent - ils mettre

dans une 📦 ?

3 *a)* Combien de 📦

les enfants peuvent - ils remplir

avec toutes les 🍾 ?

Complète

la 1ʳᵉ 📦 🍾 .

b) Combien de 🍾 reste - t - il ?

4 Complète les autres 📦 🍾 .

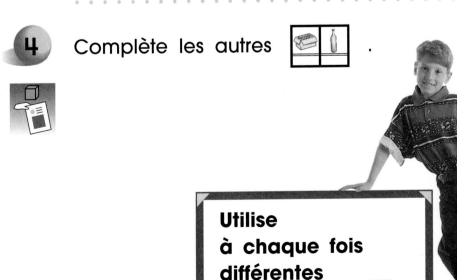

**Utilise
à chaque fois
différentes
quantités de** ⬜ .

Observe

Au spectacle

Lecture et écriture des nombres, de 0 à 19

1  **Que remarques - tu ?**

2 Quels sont occupés ?

3 *a)* Thierry a le { numéro **treize** } .

Place un sur son .

b) Jessica a le { numéro **douze** } .

Place un sur son .

c) Claude a le { numéro **dix - huit** } .

Place un sur son .

Quels **restent inoccupés ?**

4 Observe les numéros des

de la Iʳᵉ rangée et de la 2ᵉ rangée .

a) Dis ce qui est pareil .

b) Dis ce qui est différent .

Observe

Un album à paginer

1  **Que remarques - tu ?**

2 Nomme les numéros de pages de l'album qui viennent :

a) avant la page 8 ;

b) entre la page 9 et la page 19 .

3 a) Place tes étiquettes en ordre croissant .

Mêle tes étiquettes .

Que remarques - tu ?

b) Place tes étiquettes en ordre décroissant .

4 Complète chaque suite .

a) | 12 | 13 | 14 | | | 17 | | |

b) | 2 | 4 | 6 | | | 12 | | |

Observe

Un village pour Noël

Description de solides géométriques

1 **Que remarques - tu ?**

 2 Indique le nombre de figures nécessaires pour construire chacune des maisons .

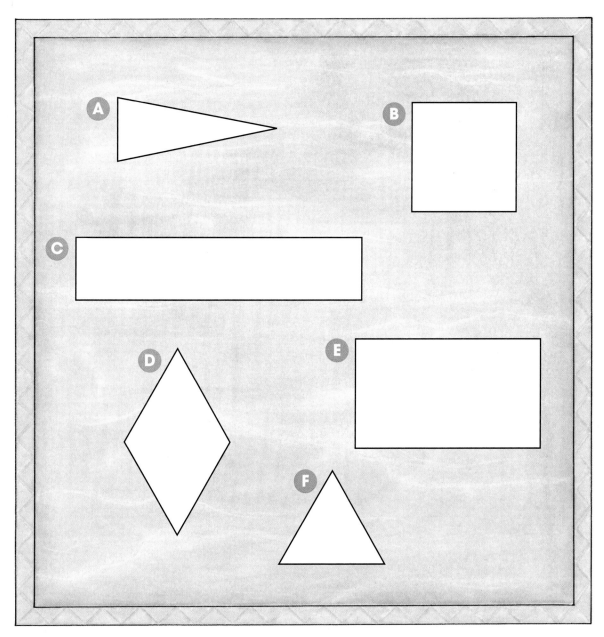

Observe

Un pantin

Construction et description de figures

1  **Que remarques - tu ?**

2 *a)* Place un [cube] sur chaque rectangle .

b) Place un [cube] sur chaque carré .

c) Place un [cube] sur chaque triangle .

d) Place un [cube] sur chaque cercle .

Observe

Des tissus

Graphiques sagittaux et cartésiens

 **Que remarques - tu ?**

2 Dis pourquoi la  et la ﹒﹒﹒

sont reliées par ⟶ , ⟵ et ⤸ .

· ·

3 Utilise 2 ⬜ et 2 ⬛

pour représenter les vêtements .

a) Trace ⟶ , ⤸ ou ⟵ entre les ⬜ .

**Chaque flèche signifie :
«... est de la même couleur que...»**

b) Place tes ⬜ autrement
mais
respecte le sens de tes flèches .

Que
remarques - tu ?

Observe

Qui suis - je ?

GRAPHIQUE A

GRAPHIQUE B

Utilisation des graphiques cartésiens et sagittaux

1  **Que remarques - tu ?**

2 Dis ce que signifient les flèches .

· ·

3 *a)* Place un ⬜ sur le ☃ de Maxime .

b) Place un ⬛ sur le ☃ de Lorie .

c) Place un ⬜ sur le ☃ de Katia .

Observe

Mon animal préféré

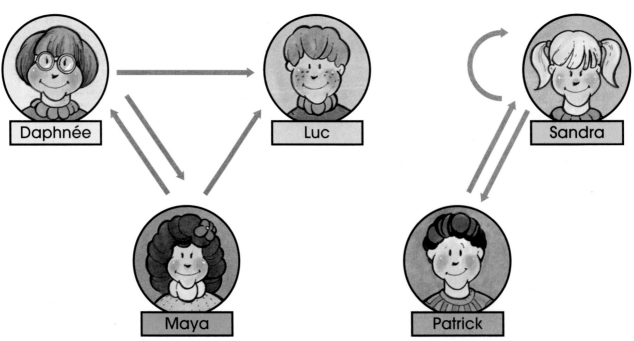

Daphnée

Luc

Sandra

Maya

Patrick

Utilisation du graphique sagittal

1   **Que remarques - tu ?**

2 Dis ce que signifient les flèches .

. . . .

3 Utilise 5 ⬜

 pour représenter les 5 enfants .

a) Trace toutes les flèches de la relation :

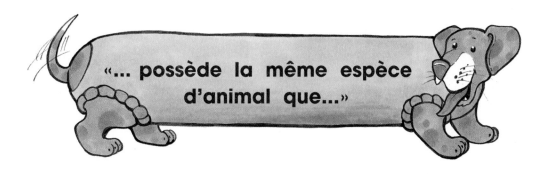

«... possède la même espèce d'animal que...»

b) De quelle espèce

est l'animal de  Maya ?

Raconte comment tu as procédé .

75

Observe

Le petit train

Groupements successifs

1  **Que remarques - tu ?**

2 Décris le petit train .

3

Êtes - vous assez nombreux dans la classe pour occuper tous les bancs du petit train ?

1° Prends autant de

qu' il y a d'élèves dans ta classe .

2° Représente :

• les bancs par des ;

• les wagons par des ;

• les trains par des .

3° Dis quel résultat tu obtiens .

Recommence cette activité avec une autre quantité de **.**

Un collage

Écriture du résultat de groupements successifs

 **Que remarques - tu ?**

2 a) Décris chaque .

b) Décris chaque  .

3 Observe la grille . Dis ce qui manque .

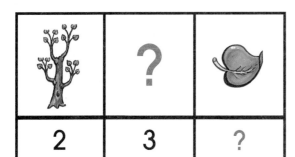

	?	
2	3	?

4 Prends autant de

 qu'il y a de

représentées dans cette grille :

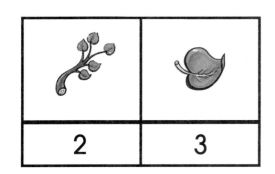

2	3

Indique la base de groupement .

Observe

À chacun sa case !

Lecture et écriture des nombres, de 0 à 29

1  **Que remarques - tu ?**

2 Lis les numéros sur les .

3 Décris les nombres :

a) de chaque rangée ;   *b)* de chaque colonne .

4 Trouve les étiquettes suivantes :

quinze   vingt - trois   vingt - sept

Linda   **Charles**   **Rosalie**

5

1° Lis un numéro de 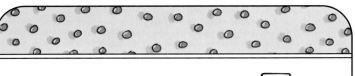 .

2° Demande à quelqu'un de trouver l'étiquette qui convient .

Recommencez cette activité . Inversez les rôles .

Observe

On construit un jeu !

Comptage, de 0 à 29

1 **Que remarques - tu ?**

2 Dis quel nombre vient :

 a)
immédiatement après
2
13
19

b)
immédiatement avant
6
13
25

3 Dis quels nombres viennent entre :

a) 2 et 6 ;   b) 6 et 13 ;

c) 13 et 19 ;   d) 25 et 19 .

Raconte comment tu as procédé .

4 Quel est le numéro de la dernière case ?

Arrivée

?

Observe

Les dessins de Joël

Construction et identification de lignes

① **Que remarques - tu ?**

② Compare entre elles les lignes :

a) vertes ; b) jaunes ;

c) bleues ; d) orangées .

③ Identifie les lignes :

a) courbes ; b) brisées ;

c) fermées ; d) ouvertes .

④ Trace une ligne semblable aux lignes :

a) vertes ;

b) jaunes ;

**Fais des dessins
à partir de tes lignes .**

c) bleues ;

d) orangées .

Observe

Un collage de figures

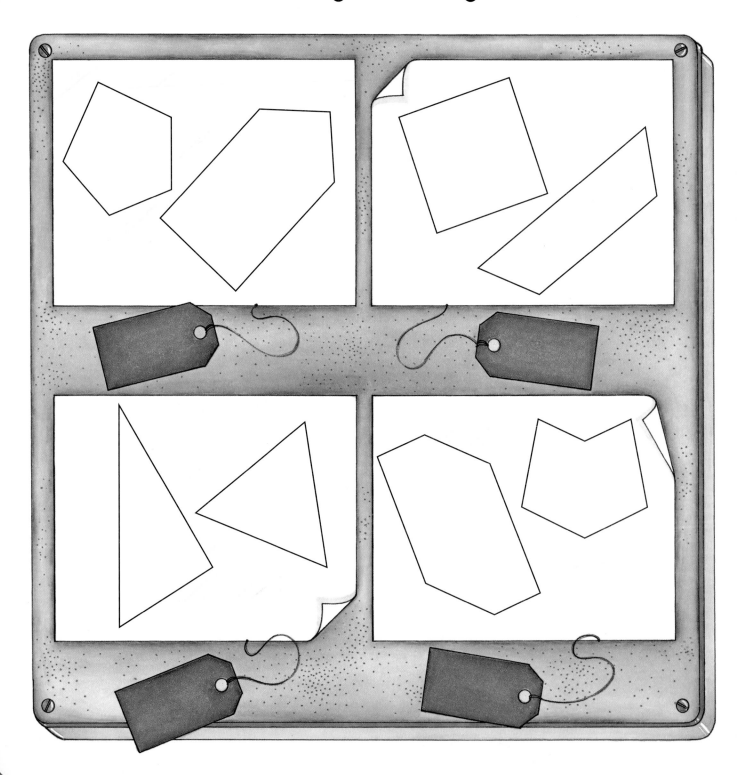

Classification de figures

1  **Que remarques - tu ?**

2 Que devrais - tu écrire dans les 🏷️〰️ ?

. . . .

3 Place un ⬜ sur chaque figure .

🎨 Respecte les couleurs

du classement de Karen .

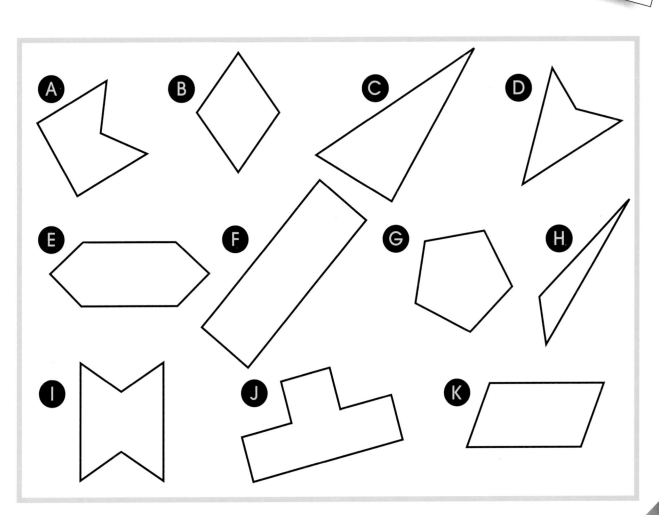

Observe

Des ensembles de figures

Identification de figures

1  **Que remarques - tu ?**

2 Décris les figures qui sont :

a) à l'intérieur de chaque ☐ ;

b) à l'extérieur de chaque ☐ .

> **Dis ce qui est pareil . Dis ce qui est différent .**

3 Forme l'ensemble :

a) des triangles ;   b) des cercles .

4 Décris ce qu'est :

a) un triangle ;   b) un cercle .

5 Utilise plusieurs triangles
pour construire un grand triangle .

Observe

L'inventaire de la bibliothèque

Ordre dans les nombres, de 0 à 29

1 **Que remarques - tu ?**

2

Trouve les numéros
des livres qui manquent .

Dans la bibliothèque ,
il y avait 29 livres .

Raconte
comment
tu as procédé .

3

1°   Pige 10 étiquettes .

2°   Ordonne tes 10 étiquettes :
suis l'ordre croissant .

3°   Ordonne les étiquettes qui restent :
suis l'ordre décroissant .

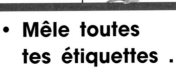

- **Mêle toutes
tes étiquettes .**

- **Recommence
cette activité .**

Observe

Deux boîtes de bonbons

Utilisation des symboles <, > et = avec les nombres de 0 à 29

1 **Que remarques - tu ?**

 2 Est - ce que a

 plus , moins ou autant de :

a) que ?

b)  que ?

- -

3 Est - ce que a

 plus , moins ou autant de :

a)  que ?

b)  que ?

- -

4 Représente sur ton pupitre

 la conversation de avec .

Vérifie

tes réponses .

Observe

La mésaventure de Félix

Détermination d'un rang, de 1er à 9e

1  **Que remarques - tu ?**

2 Décris la Ire scène et la 9e scène .

3 *a)* Décris la 2e , la 3e , la 4e et la 5e scène .

b) Décris la 6e , la 7e et la 8e scène .

4 *a)* Construis la Ire séquence d'une frise .

Place :

• un ▢ à la 4e position ;

• un ▢ à la 2e position ;

• un ▢ à la 6e position ;

• un ▢ à la Ire position ;

• un ▢ à la 5e position ;

• un ▢ à la 3e position .

b) Ajoute une 2e séquence identique à la Ire .

Observe

Une bibliothèque en ordre

Lecture de nombres, de 0 à 39
Identification de nombres venant avant, après ou entre d'autres nombres, de 0 à 39

1 Que remarques - tu ?

2

1° Utilise toutes tes étiquettes .

2° Place les étiquettes suivantes
sur une rangée :

| 2 | 7 | 10 | 19 | 22 | 25 | 30 | 38 |

**Respecte
l'ordre
croissant** .

3° **Au - dessus** de chaque nombre ,
place l'étiquette
qui vient immédiatement avant .

4° **Au - dessous** de chaque nombre ,
place l'étiquette
qui vient immédiatement après .

5° Indique entre quels nombres
doivent être placées
les étiquettes qui restent .

Observe

Joyeuse Saint - Valentin !

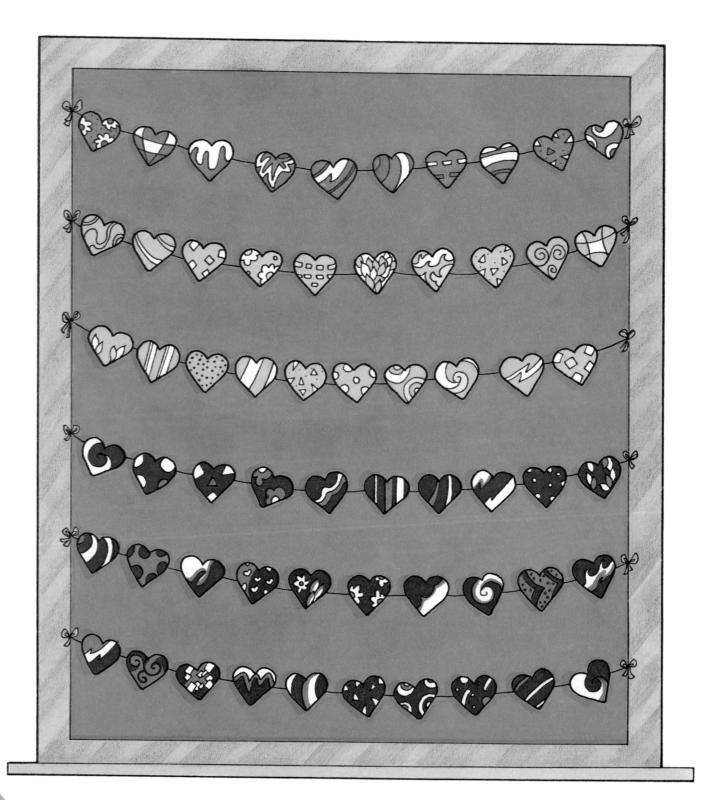

Utilisation des termes unités et dizaines

1   **Que remarques - tu ?**

2 Indique le nombre de :

a) ;   b) ;   c) .

3 Dis ce que signifie :

a) dizaine ;   b) neuvaine ;

c) douzaine ;   d) quinzaine .

4 Indique le nombre de dizaines de :

a) ;   b) ;   c) .

5 Indique le nombre de dizaines
et le nombre d'unités dans :

a) 32 ;   b) 23 ;   c) 3 .

Observe

Les sports d' hiver

"... pratique..."	Annick	Valérie	Guillaume	Moi
(patins)	X			
(skis)				
(traîneau)				
(raquettes)				

Utilisation de graphiques cartésiens

1   **Que remarques - tu ?**

2 Quels sports pratiques - tu ?

- -

3 Écoute bien .

 Complète le graphique .

4

> **Que remarques - tu ?**

1° Place des étiquettes
sur la feuille qu'on te remet .

2° Place des sur le graphique
pour illustrer la relation :
«... est plus grand que...»

3° Place des sur le graphique
pour illustrer la relation :
«... est plus petit que...»

Observe

Une compétition de ballon - balai

La flèche signifie :
«... a marqué plus de buts que...»

GRAPHIQUE A

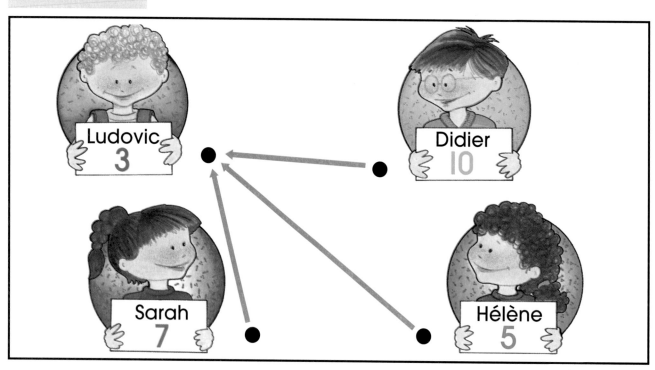

Ludovic 3

Didier 10

Sarah 7

Hélène 5

GRAPHIQUE B

→	Ludovic 3	Sarah 7	Hélène 5	Didier 10
Ludovic 3				
Sarah 7	X			
Hélène 5	X			
Didier 10	X			

1 **Que remarques - tu ?**

2 *a)* Décris le graphique A .

 b) Décris le graphique B .

. . . .

3 Sur la feuille qu'on te remet :

 a) complète le graphique A ;

 b) complète le graphique B .

**Compare
le graphique A
avec
le graphique B .**

. . . .

4 Sur la feuille qu'on te remet ,

place des étiquettes dans les ☐ .

 signifie : «... est plus petit que...»

Observe

Le jeu de tante Patricia

+		• 0	• • 1	• • • 2	• • • • 3	• • • • • 4	• • • • • • 5
0			•	• •	• • •	• • • •	• • • • •
• 1	•	•	• •	• • •	• • • •	• • • •
• • 2	• •	• •	• •	• • •	• • • •	• • • •
• • • 3	• • •	• • •	• •	• • •	• • • •	• • • •
• • • • 4	• • • •	• • •	• •	• •	• • •	• • • •
• • • • • 5	• • • • •	• • • • • •	• •	• • •	• • • •	• • • •

Table d' addition

Que remarques - tu ?

 2 Décris ce que tu vois :

a) sur la 1re rangée ;

b) dans la 1re colonne ;

c) sur la 2e rangée ;

d) dans la 2e colonne .

Que remarques - tu ?

 3 Écris 3 additions différentes
dont la somme est :

| 7 | 6 | 8 |

 4 Complète la table d'addition
qu'on te remet .

Observe

Des dominos

Sébastien

| 1 | + | 0 | + | 3 | + | 2 |

Léane

| 2 | + | 3 | + | 0 | + | 1 |

Addition : rôle du zéro ; commutativité

1 **Que remarques - tu ?**

2 Raconte comment et 🧒 ont procédé .

3 Écris 5 additions différentes dont la somme est 6 .

> Utilise les nombres suivants :
>
> | 1 | | 0 | | 3 | | 2 |

> **Pour chaque addition , utilise chaque nombre une seule fois .**

4 Écris le plus d'additions différentes dont la somme est 7 .

> Utilise les nombres suivants :
>
> | 2 | | 4 | | 0 | | 1 |

Observe

Rendez - vous à la patinoire

Monica

Vincent

Robert

Estimation et mesure de longueurs

1 **Que remarques - tu ?**

2 Dis comment tu peux comparer
les trajets parcourus par :

 Vincent ,  Robert ,  Monica .

 3 *a)* Qui habite le plus loin de la patinoire ?

 b) Qui habite le plus près de la patinoire ?

 4 Représente chaque trajet .
Utilise seulement :

a) des  ;

b) des ☐ .

Que
remarques - tu ?

Observe

Danses de mon pays

Lecture et ordre, nombres de 0 à 59
Identification de nombres venant avant, après ou entre d'autres nombres, de 0 à 59

1  **Que remarques - tu ?**

2 Indique un numéro de situé :

entre	immédiatement après	immédiatement avant
27 et 29	29	40
36 et 30	19	20

3 Indique la position

des suivants :

 25   34   43

57   47   52

Utilise les termes :
- **immédiatement**
- **avant** • **après**
- **entre**

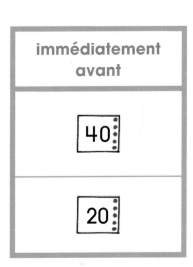

4 Repère les étiquettes qu'on t'indique .

Observe

Des ribambelles

Ordre dans les nombres, de 0 à 59
Comptage, de 0 à 59

1 **Que remarques - tu ?**

2 Ajoute I terme à chaque suite .

....

Quelle est la règle de construction de chaque suite ?

3 Complète chaque suite .

| 31 | 32 | | 34 | 35 | | |

| 57 | | 55 | | | 52 | |

| 5 | 10 | 15 | | | 30 | |

| 2 | 4 | 6 | 8 | | | |

4

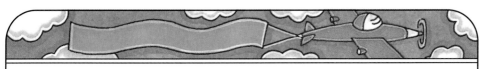

1° Invente 3 suites différentes composées chacune de 4 nombres .

2° Demande à quelqu'un d'ajouter I nombre à chaque suite .

Observe

Le spectacle de Jonathan

Identification, illustration et transposition en équations de situations additives

Que remarques - tu ?

2 Écoute bien .

Représente la situation .

3 Écris deux équations différentes
qui correspondent à la situation .

4 Dis ce que signifie le symbole + .

5 Écris deux équations différentes
pour chaque illustration .

Illustration A

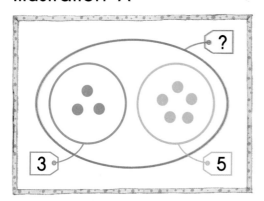

Illustration B

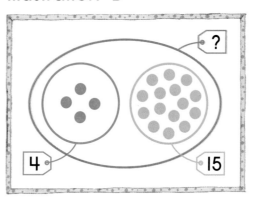

Observe

Un atelier de peinture

Illustration A

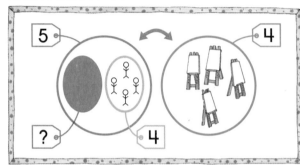

Illustration B

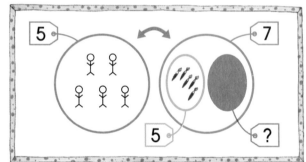

Illustration C

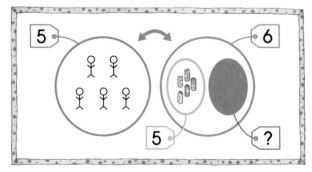

Identification, illustration et transposition en équations de situations soustractives

1 **Que remarques - tu ?**

2

a) Pose une question
pour chaque illustration .

b) Dis ce que signifient
les 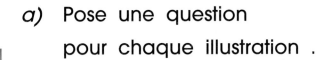 et les **?** .

c) Écris une équation
pour chaque illustration .

d) Dis ce que tu cherches
dans chaque illustration .

- -

3 Écris une équation pour chaque illustration .

Illustration A

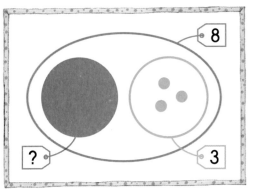

Illustration B

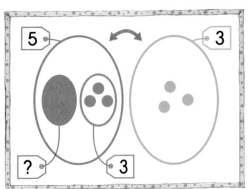

Observe

Une vitrine de Pâques

Invention de problèmes à partir d'illustrations ou d'équations additives et soustractives

1 **Que remarques - tu ?**

2

a) Observe la tablette verte .

1° Raconte une situation additive .

2° Demande aux élèves d'écrire l'équation correspondante .

b) Observe la tablette jaune .

1° Raconte une situation soustractive .

2° Demande aux élèves d'écrire l'équation correspondante .

c) Observe la tablette bleue .

1° Raconte une situation additive ou soustractive .

2° Demande aux élèves d'écrire l'équation correspondante .

Des billes

GRAPHIQUE **A**

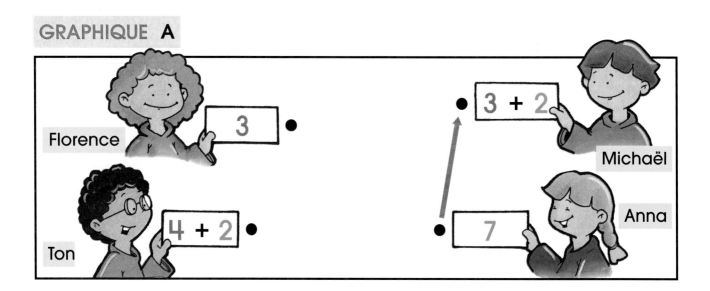

GRAPHIQUE **B**

↱	Florence 3	Michaël 3 + 2	Anna 7	Tony 4 + 2
Florence 3				
Michaël 3 + 2				
Anna 7		X		
Tony 4 + 2				

Utilisation de graphiques sagittaux et cartésiens

1 **Que remarques - tu ?**

2 *a)* Observe le graphique A .

Que peut dire Anna à Michaël ?

b) Observe le graphique B .

Que peut dire Anna à Michaël ?

3 Illustre la relation :

> «... a plus de billes que...»

4 *a)* Qui a le plus de billes ?

b) Qui a le moins de billes ?

Dis comment les graphiques peuvent t'aider .

Observe

Le miroir magique

Carte A

Carte B

Carte C

Exploration de la notion de réflexion

1 **Que remarques - tu ?**

2 Déplace un miroir
sur les cartes A et B .

Que
remarques - tu ?

3 Déplace un miroir sur la carte C
pour faire disparaître dans ton miroir :

Observe

Le retour à la maison

Lecture des nombres, de 0 à 69

1  **Que remarques - tu ?**

2 Écoute bien .

 Place un ⬜ sur le numéro qu'on te lit .

· ·

3 Repère les étiquettes qu'on te lit .

4

1° Trouve les étiquettes qui viennent après 59 .

2° Lis ces nombres à voix haute .

5 Que remarques - tu
dans l'écriture des nombres suivants ?

3	30

5	50

40	4

60	6

Observe

Un spectacle équestre

Ordre dans les nombres, de 0 à 69
Recherche de nombres venant avant, après ou entre d'autres nombres, de 0 à 69

1 **Que remarques - tu ?**

2 Dis comment chaque spectateur peut repérer son siège .

3 Indique la position des sièges suivants :

 35

 48

 54

 65

 31

 15

 28

 51

 18

**Utilise
les termes :**

• **immédiatement**
• **avant** • **après**
• **entre**

4 Écris les numéros suivants en ordre croissant :

26   13   62   54   31   45

Observe

Une annonce publicitaire

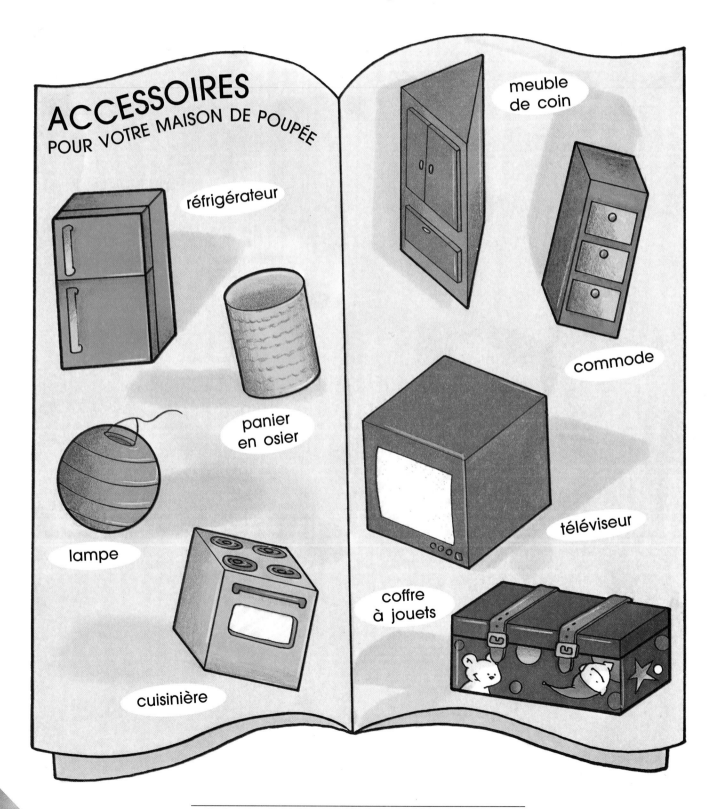

Recherche d'objets ressemblant aux solides géométriques

Que remarques - tu ?

2 Quel solide utiliserais - tu
pour représenter chacun
des meubles ou accessoires illustrés ?

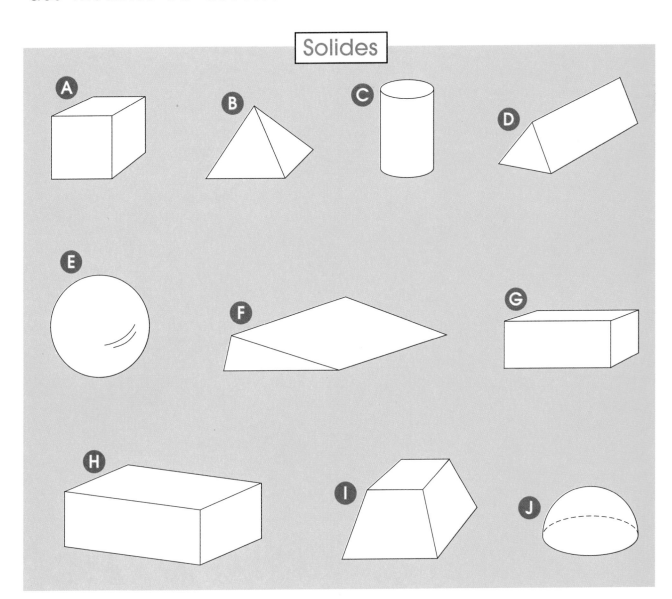

Solides

A B C D
E F G
H I J

Observe

La longue règle

Comparaison au mètre

I **Que remarques - tu ?**

2 *a)* Dis quelle dimension indique chaque flèche .

b) Dis si la dimension indiquée est :

- plus longue que I m ;

- moins longue que I m ;

- à peu près égale à I m .

3

Que veut dire I m ?

1° Choisis des objets dans ta classe .

2° Indique une dimension à mesurer pour chaque objet .

3° Compare chaque dimension à I m .

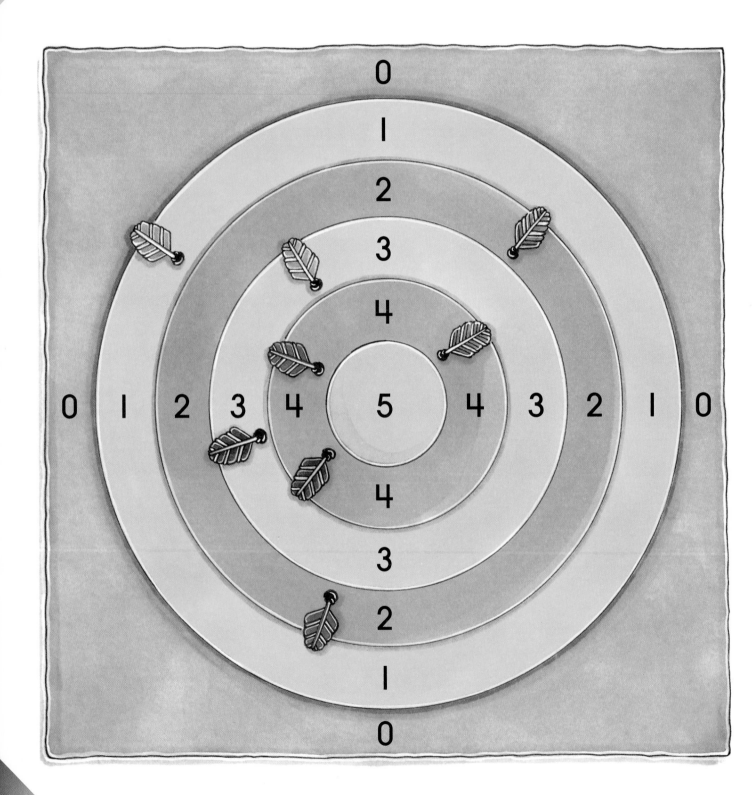

Observe

Un tournoi de fléchettes

Table d' addition, somme < 10

1 **Que remarques - tu ?**

2 Dis quel résultat
chaque enfant obtient avec :

Raconte comment tu as procédé .

3 Observe la cible .

a) Écris toutes les combinaisons
de 2 nombres
dont la somme est :

7   8   9

b) Écris plusieurs combinaisons
de 3 nombres
dont la somme est :

2   6   8

Observe

Katia a gagné le concours

Utilisation des symboles < , > et =

1 **Que remarques - tu ?**

2 *a)* Écris tous les prix qui sont < 50 $.
Suis l'ordre croissant .

b) Écris tous les prix qui sont > 50 $.
Suis l'ordre décroissant .

3

① Pige 4 étiquettes numériques .

② Place ces étiquettes en ordre croissant .

③ Place le symbole approprié
entre chaque étiquette :
> , < ou = .

**Vérifie
tes résultats .**

4 Utilise tes étiquettes d'addition .
Procède comme à l'activité numéro 3 .

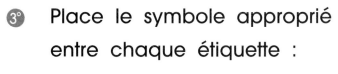

Observe

Une partie de ballon

Médéric et Nadège jouent une partie de ballon avec six amis.

Situation I

Trois joueurs portent des chandails bleus.
Les autres joueurs portent des chandails verts.

Combien de joueurs portent des chandails verts ?

Situation 2

Il y a plus de joueurs dans l'équipe des Verts que dans l'équipe des Bleus.

Combien y a - t - il de joueurs de plus dans l'équipe des Verts ?

Situation 3

L'équipe des Verts retire deux de ses joueurs.

Combien de joueurs de l'équipe des Verts reste - t - il pour jouer contre l'équipe des Bleus ?

Identification, illustration et transposition en équations de situations soustractives

1 **Que remarques - tu ?**

2 Représente chaque situation .

. . . .

3

a) Dis quelle illustration correspond à chaque situation .

b) Écris une équation pour chaque illustration .

Illustration A

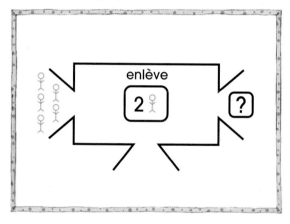

Illustration B

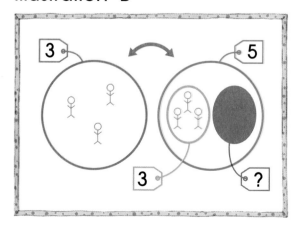

Illustration C

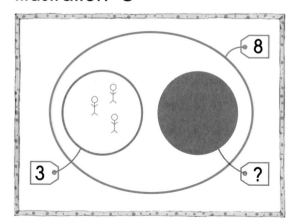

Observe

Des écônomies

Marie - Pier	Jérôme	David

Que remarques - tu ?

  2 Trouve une façon d' obtenir ,
avec les pièces de

 Marie - Pier , Jérôme et David ,

la somme de :

a) 21 ¢ *b)* 12 ¢

· ·

 3 Représente de 2 façons différentes
chacune des sommes suivantes :

34 ¢   43 ¢

23 ¢   32 ¢

35 ¢   53 ¢

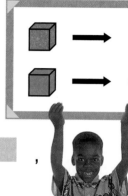

Observe

Il faut lancer juste !

RÈGLEMENTS

- Faire tomber une grenouille bleue et une grenouille verte .

- Faire la différence des points obtenus .

La différence des points doit être égale à 3 .

1   0   7   3   6   10   4   2   8   5

0   3   8   4   1   9   5   10   2

6   7   9

1 **Que remarques - tu ?**

 2 *a)* Écris toutes les combinaisons
de nombres
qui permettent de gagner un prix .

**Respecte
les règlements .**

b) Écris toutes les combinaisons
de nombres
dont la différence est égale à 4 .

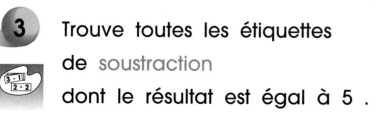

 3 Trouve toutes les étiquettes
de soustraction
dont le résultat est égal à 5 .

**Vérifie
tes solutions .**

Observe

Une partie de billes

> La flèche signifie :
> «... a autant de billes que...»

GRAPHIQUE A

→ ⇄ ←	Francis 4 + 4	Jo - Sang 8 - 3	Éve 7 + 1	Richard 3 + 2	Anouk 9 - 4
Francis 4 + 4					
Jo - Sang 8 - 3		X			
Ève 7 + 1					
Richard 3 + 2		X			
Anouk 9 - 4		X			

GRAPHIQUE B

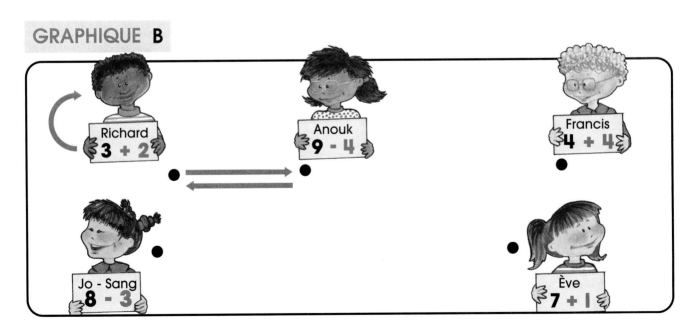

Utilisation de graphiques sagittaux et cartésiens

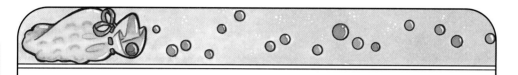

1 Que remarques - tu ?

2

Sur la feuille qu'on te remet :

1° trace des X

pour compléter le graphique A ;

2° trace des flèches

pour compléter le graphique B .

Que remarques - tu ?

3 Place des étiquettes

sur la feuille qu'on te remet .

Respecte la relation :

«... est plus grand que... »

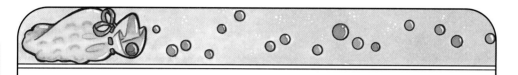

143

Jeu de poches

Addition et soustraction

1 **Que remarques - tu ?**

10

2 Écris la somme des points
obtenue par chaque enfant .

Anna
10 + 20

Aldo
20 + 20

Marina
30 + 30

Philippe
30 + 20

· ·

3 Écris la différence de points obtenus par :

a)  Anna   et   Aldo

b)  Marina   et   Philippe

c)  Anna   et   Marina

d)  Aldo   et   Philippe

Le mètre : une unité de mesure

Classification de longueurs en relation avec le mètre

1 | **Que remarques - tu ?**

2 Observe chaque objet .

a) Nomme la dimension
indiquée par chaque flèche .

b) Dis pourquoi les objets
sont classés sur 3 cartons .

· ·

3 Dis sur quel carton tu classerais
les illustrations suivantes :

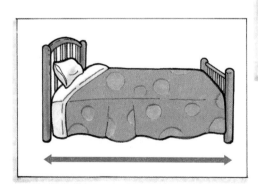

Observe

Un rendez - vous au parc

Repérage et traçage de parcours

2 Trace avec ton doigt

un trajet

entre  et .

 3 Trace 3 trajets différents

entre  et .

 4 Peux - tu tracer

 d'autres trajets

entre  et ?

Éléments notionnels

Nombres naturels